數學素養
題型 七下

由科普文章轉化成數學題組
符合108課綱精神的數學素養學習教材

數感實驗室
NUMERACY LAB

U0012013

MATHEMATICAL LITERACY

Letter from the 編者的話
Editor-in-Chief

各位老師、同學、家長好：

數感實驗室創立迄今，累積了逾千則的生活數學內容，在網路上集結了超過十萬的數學愛好者。我們用數學分析生活、時事、新聞，想讓更多人知道數學有多好玩、多實用。

新課綱的重點「數學素養」強調與情境結合，培養學生活用數學的能力，而非僅止於精熟計算。從 107 年起，連續幾年的國中數學會考中，生活情境題更佔了一半左右。這樣的教育改革方向，與我們團隊所強調的「數感」不謀而合——

數感：察覺生活中的數學，用數學解決生活中的問題

因為教學端、考試端的重視，近年來我們受邀到許多學校、縣市輔導團舉辦素養題工作坊，協助教師命題，也與各大出版社合作，參與了國小、國中、高中職義務教育全年段的課本編寫任務。

此次，我們集結了來自第一線的老師、前心測中心的數學研究員，並

邀請數學系教授擔任顧問,投入大量的心力時間,將眾多生活數學內容轉編成一系列的《數學素養題型》,目前已有多所學校採用。

書中的每道題組,皆由循序漸進的多個探究式子題組成,子題有選擇題,也有比照會考的非選擇題。搭配豐富的影音文字延伸學習資料,以及完善的影音詳解,《數學素養題型》可以做為老師在課堂上的教材,也可以做為學生自學的好幫手。

我們期許《數學素養題型》不僅能對同學短期的課業、升學有幫助,而是要產生對就業、人生有益的長遠幫助。2019 年美國就業網站 CareerCast 公布的全美最佳職業排行,前十名有六種職業需要高度的活用數學能力,例如資料科學家、精算師等。畢竟,科技與數據的時代,數學已經成為各行各業的專家語言。許多研究更指出,數感好的人在理財、健康等人生重要面向中表現都比較好。若能真的學會數學,具備數學素養,相信絕對是終生受益的能力。

培養數感不像學一道公式,花幾堂課或練習幾次即可。它是一種思考方式,一種重新看待數學的視角。但培養數感也不需要狂刷大量題目。說到底,數學本來就不是靠著以量取勝就能學好的知識。

數學強調的是想得深入,想得清楚。

翻開《數學素養題型》,每週找一個時間,寫一道題組,讀相關學習延伸,看影音詳解。可以是同學自己在家練習,也可以是老師在課堂上帶著大家一起討論。如同養成習慣一樣,相信半年、一年下來,可以看見顯著的成效。

讓數學變得好用、好學、好玩

這是數感實驗室的理念,也是我們編寫《數學素養題型》的精神。

主編 賴以威

數學素養題型說明

緣由

108 學年度新課綱的「素養導向」是教學的一大議題：如何讓學生察覺生活中的數學，如何評量數學素養呢？數感實驗室研發了一系列符合 108 課綱精神的數學素養學習教材、生活數學題組，希望能幫助教師、家長、學生一起提升數學素養。

題目說明

除了計算、解題的數學力，我們期許培育學生「在生活中看見數學，用數學解決生活問題」的數感。數學素養題型將引導學生進行下圖思考歷程：

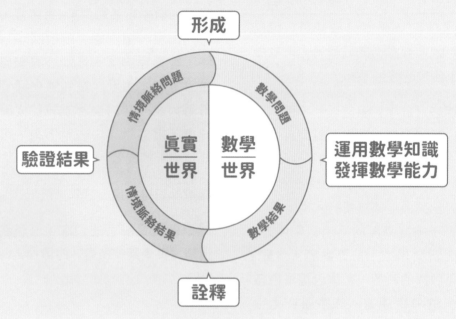

數學素養題型的思考歷程

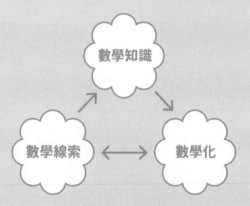

從真實世界形成數學問題
進入數學世界的歷程

形成

過往教學常注重「解決數學問題」。素養導向則強調真實世界到數學世界的「形成」——發現數學線索、連結數學知識，進而數學化問題。

INTRO-DUCTION

數學素養題型的兩大特色

01

多樣化豐富情境

本團隊累積逾千篇數學生活文章，轉換之題組涵蓋 PISA 四大情境個人、職業、社會、科學。

02

探究式題組

引導學生思考、分析情境、選擇工具、形成問題、運算，得到答案後詮釋情境。

數感不是獨特的天賦，需要的只是有方法的引導與適量的練習。數學素養題型基於豐富的素材、設計活潑的情境，提供細緻的探究歷程。學生可以自學，定期練習。老師也能於教學中活用，直接做為評量或改編為課堂教案。我們期許這項服務能做為現場老師因應數學素養的強力後盾。

作答說明

是非題

每題包含 是 否兩個選項。

請根據題意，從兩個選項中選出一個正確或最佳的答案。

選擇題

每題包含 A)、B)、C)、D) 四個選項。

請根據題意，從四個選項中選出一個正確或最佳的答案。

非選擇題

請根據題意，將解題過程與最後答案，清楚完整地寫在試題下方作答欄位中。

.... 每道題組建議作答時間：15~20 分鐘 ....

單元一　統計

UNIT ONE

QUESTION 1-1
找出比較強的打者

「打擊率」是評估棒球打者表現的常見指標，其計算方法如下：

$$打擊率 = \frac{安打數}{打數}$$

過去，美國職棒大聯盟的<u>賈斯提斯</u> (D. Justice) 與<u>吉特</u> (D. Jeter) 這兩位明星打者常被拿來比較誰是比較好的打者。1995 年，兩位打者的打擊資料如下表一[1]。

表一　1995 年<u>賈斯提斯</u>與吉特的打擊資料

1995 年		
	安打數	打數
賈斯提斯	105	410
吉特	12	48

( )　01　請問<u>吉特</u>打擊率多少？

A) 0.256

B) 0.250

C) 0.114

D) 0.002

02　根據 1995 年的打擊資料，<u>賈斯提斯</u>的打擊率是否比<u>吉特</u>的高？
　　✿是　✿否

---

[1] 1995 年<u>賈斯提斯</u>的實際打擊資料為：安打數 104、打數 411。此處為了計算方便而修改數據。

03 1996 年，兩位打者的打擊資料如下表二。

表二　1996 年賈斯提斯與吉特的打擊資料

1996 年			
	安打數	打數	打擊率
賈斯提斯	45	140	0.321
吉特	183	582	0.314

請將 1995 年與 1996 年的資料合併，判斷賈斯提斯的打擊率是否仍然比吉特的高，並
合理說明或詳細解釋你的看法。

◉ 是　　◉ 否

◆ 說明：

04 數學上，常以辛普森悖論來討論分組的數據表現，辛普森悖論指的是：「分組比較中佔
優勢者，加總後反而成為失勢的一方。」承上題，請判斷吉特跟賈斯提斯的例子是否符
合辛普森悖論，並合理說明或詳細解釋你的看法。

◉ 是　　◉ 否

◆ 說明：

延伸學習

題目資訊

內容領域	○數與量(N)　○空間與形狀(S)　○變化與關係(R)　◉資料與不確定性(D)
數學歷程	○形成　○應用　◉詮釋
情境脈絡	○個人　◉職業　○社會　○科學

學習重點	學習內容	D-7-2　統計數據
	學習表現	d-IV-1　理解常用統計圖表，並能運用簡單統計量分析資料的特性及使用統計軟體的資訊表徵，與人溝通。

QUESTION 1-2

研究兩校人數差距的合理性

　　新北市的永和國中與福和國中只隔一條街，附近學生按照「身分證字號的最後一碼」分發，奇數的同學就讀永和國中，偶數的同學就讀福和國中。然而，由於 101 年起的新生，身分證末碼沒有 4，導致兩校的入學人數有了變化。107 學年度時，永和國中與福和國中各年級班級數，如圖一所示。

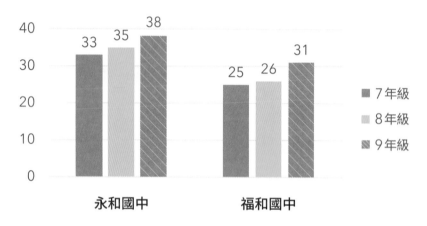

圖一　永和國中與福和國中各年級的班級數

　　為了更加理解兩校的人數差距，我們假設每年入學兩校的所有新生中，身分證字號末碼的每個數字都有相同人數，且在同一個年級中，永和國中每個班級的人數與福和國中的皆相同。根據這些資訊，一起來試算看看吧！

01　根據圖一，請問福和國中的總班級數是否比永和國中還少？
　　● 是　　● 否

（　）02　根據圖一，107 學年度時，若兩校七年級班級數平均分配，請問福和國中七年級應該有幾班？
　　A）29班
　　B）30班
　　C）31班
　　D）35班

( ) <u>03</u> 根據圖一，可算出<u>福和國中</u>實際人數減少的幅度。若將目前兩校的班級數平均分配，與目前福和國中實際的班級數相比，請問實際減少了多少幅度？

A) 11.1%

B) 12.8%

C) 13.8%

D) 16%

<u>04</u> 理論來說，<u>福和國中</u>班級數減少的幅度可事先推估：「假設各號碼的人數相同的情況下，可從身分證字號的分配，計算當<u>福和國中</u>只分配到 4 個末碼，相較於原各分到 5 個末碼，人數所減少的幅度。」請問推估的結果與上題實際狀況是否符合？請合理說明或詳細解釋你的看法。

⬤ 是　⬤ 否

◆ 說明：

延伸學習

題目資訊

內容領域	◯數與量(N)	◯空間與形狀(S)	◯變化與關係(R)	◉資料與不確定性(D)

數學歷程	◯形成	◯應用	◉詮釋

情境脈絡	◯個人	◯職業	◉社會	◯科學

學習重點	學習內容	D-7-2 統計數據
	學習表現	d-IV-1 理解常用統計圖表，並能運用簡單統計量分析資料的特性及使用統計軟體的資訊表徵，與人溝通。

歷屆會考考題

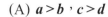

105 年會考選擇題第 7 題

圖（三）、圖（四）分別為甲、乙兩班學生參加投籃測驗的投進球數長條圖。若甲、乙兩班學生的投進球數的眾數分別為 a、b；中位數分別為 c、d，則下列關於 a、b、c、d 的大小關係，何者正確？

(A) $a > b$，$c > d$

(B) $a > b$，$c < d$

(C) $a < b$，$c > d$

(D) $a < b$，$c < d$

答：(A)

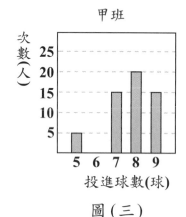

圖（三）

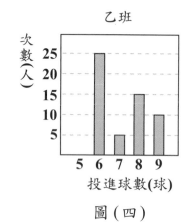

圖（四）

106 年會考選擇題第 9 題

某高中的籃球隊成員中，一、二年級的成員共有 8 人，三年級的成員共有 3 人。一、二年級的成員身高（單位：公分）如下：

172、172、174、174、176、176、178、178

若隊中所有成員的平均身高為 178 公分，則隊中三年級成員的平均身高為幾公分？

(A) **178**

(B) **181**

(C) **183**

(D) **186**

答：(D)

106 年會考非選擇題第 1 題

今有甲、乙、丙三名候選人參與某村村長選舉，共發出 1800 張選票，得票數最高者為當選人，且廢票不計入任何一位候選人之得票數內。全村設有四個投開票所，目前第一、第二、第三投開票所已開完所有選票，剩下第四投開票所尚未開票，結果如表（一）所示：

表（一）

投開票所	候選人			廢票	合計
	甲	乙	丙		
一	200	211	147	12	570
二	286	85	244	15	630
三	97	41	205	7	350
四					250

（單位：票）

請回答下列問題：

(1) 請分別寫出目前甲、乙、丙三名候選人的得票數。

(2) 承 (1)，請分別判斷甲、乙兩名候選人是否還有機會當選村長，並詳細解釋或完整寫出你的解題過程。

參考答案：

(1) 根據表（一）的資訊，

甲候選人目前的得票數為 200+286+97=583 票，

乙候選人目前的得票數為 211+85+41=337 票，

丙候選人目前的得票數為 147+244+205=596 票。

(2) 根據表（一）的資訊，可得第四投開票所還有 250 票沒有開。

若 250 張票都投給甲候選人，則甲候選人最後的得票數為 583+250=833 票，此時乙候選人最後的得票數為 337 票、丙候選人最後的得票數為 596 票。

因為甲候選人最後的得票數比另外兩位候選人的都高，故甲候選人有機會當選村長。

若 250 張票都投給乙候選人，則乙候選人最後的得票數為 337+250=587 票，仍然比丙候選人最後的得票數 596 票還少，故乙候選人沒有機會當選村長。

108 年會考選擇題第 2 題

某城市分為南、北兩區，圖（一）為 105 年到 107 年該城市兩區的人口數量長條圖。根據圖（一）判斷該城市的總人口數量，從 105 年到 107 年的變化情形為下列何者？

(A) 逐年增加

(B) 逐年減少

(C) 先增加，再減少

(D) 先減少，再增加

答：(A)

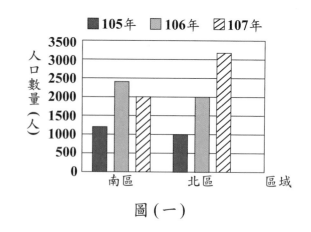

圖（一）

109 年會考選擇題第 13 題

圖（五）為甲班 36 名學生參加投籃測驗的投進球數長條圖。判斷甲班學生中，有多少人的投進球數小於該班學生投進球數的中位數？

(A) 10

(B) 14

(C) 17

(D) 18

答：(B)

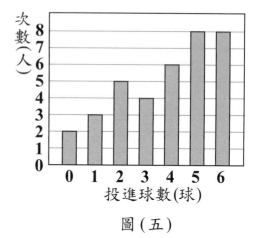

圖（五）

某國政府針對國中學生「身體質量指數 **BMI**」與「身型滿意度」的關係進行調查，其中前者包含肥胖、過重、正常、過輕四種類型，後者包含不滿意、無所謂、滿意三類。圖（十四）為在不同 **BMI** 類型中，各種身型滿意度的人數占所有調查人數的百分比。

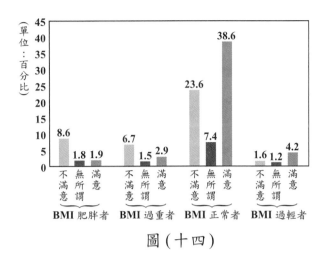

圖（十四）

請根據上述資訊，回答下列問題：

(1) 所有對其身型感到「滿意」者占所有調查人數的百分比為多少？

(2) 曉玫閱讀圖（十四）的資訊後，得出以下結論：

> 在每一種 **BMI** 類型中，對自己的身型感到「滿意」者占該 **BMI** 類型人數的比例，以 **BMI** 正常者為最高。

請判斷曉玫的結論是否正確，並詳細解釋或完整寫出你的理由。

參考答案：

(1) 根據圖（十四）的資訊，**BMI** 肥胖者對其身型滿意的百分比為 **1.9%**，**BMI** 過重者對其身型滿意的百分比為 **2.9%**，**BMI** 正常者對其身型滿意的百分比為 **38.6%**，**BMI** 過輕者對其身型滿意的百分比為 **4.2%**。

故所有對其身型感到滿意的百分比為 **1.9％＋2.9％＋38.6％＋4.2％＝47.6％**

(2) 根據圖（十四）的資訊，對其身型滿意者較多的 **BMI** 類型為「正常」與「過輕」。

BMI 正常者中，對其身型滿意占其類型人數的比例為 $\dfrac{38.6}{23.6+7.4+38.6}=\dfrac{38.6}{69.6}\fallingdotseq 0.55$

BMI 過輕者中，對其身型滿意占其類型人數的比例為 $\dfrac{4.2}{1.6+1.2+4.2}=\dfrac{4.2}{7}=0.6$

因為 **0.6＞0.55**，所以曉玫的結論不正確。

110 年會考選擇題第 9 題

圖（四）為甲城市 6 月到 9 月外國旅客人數的折線圖。根據圖（四）判斷，哪一個月到甲城市的外國旅客中，旅客人數最少的國家是美國？

(A) 6

(B) 7

(C) 8

(D) 9

答：(C)

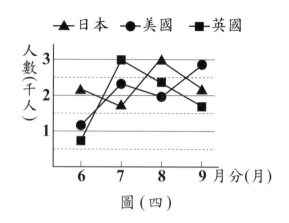

圖（四）

111 年參考題本選擇題第 2 題

圖（一）是小熙上學期三次段考中，國文、英語、數學三科成績的長條圖。

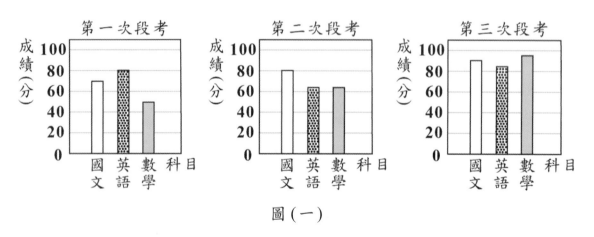

圖（一）

判斷小熙在這三個科目中，成績逐次提升的科目是哪些？

(A) 國文與英語

(B) 英語與數學

(C) 國文與數學

(D) 國文、英語、數學

答：(C)

單元二 二元一次聯立方程式

UNIT TWO

QUESTION 2-1

調出手搖飲料的美好關係

親心飲料店設計了飲料的甜度與對應加入的糖漿比例，如表一所示。

表一　親心飲料店的飲料甜度與糖漿比例

甜度	加入糖漿的比例
全糖	100%
少糖	67%
半糖	50%
微糖	33%
無糖	0%

因為店內販售的飲料容量皆相同，店員只要依照客人的要求甜度，加入對應比例的糖漿，就能做出對應甜度的飲料。例如，客人點了「半糖」飲料，店員加入飲料的糖漿比例就是「全糖」的一半。

小圓到親心飲料店點了一杯半糖奶茶，又加點了一份珍珠。喝了一口，他覺得跟以前在這裡買過的少糖奶茶一樣甜！上網查資料後，小圓發現原來珍珠有甜味，所以喝起來會比原本飲料的甜度更甜。小圓已經不像以前，愛喝很甜的飲料，但他又很喜歡珍珠的口感。他想知道，之後應該請店員做多少甜度，才能喝到有加珍珠且甜度合適的奶茶。

01 請根據表一，判斷一杯半糖飲料所加入的糖漿量，是否比一杯全糖飲料所加入的糖漿量還要少？

　　◉ 是　　◉ 否

(　) 02 在親心飲料店，請問一杯「少糖」飲料所加的糖漿，是一杯「半糖」飲料的幾倍？

A) 1.34

B) 1.52

C) 1.70

D) 2.03

(　　) 03 若<u>親心</u>飲料店一杯全糖飲料所加的糖漿為 x 毫升，一份珍珠的甜度相當於 y 毫升的糖漿，則根據<u>小圓</u>原本點的半糖珍珠奶茶，與喝了一口之後的甜度感受，下列何者為 x 與 y 滿足的二元一次方程式？

A) $y=0.13x$

B) $y=0.15x$

C) $y=0.17x$

D) $y=0.2x$

04 承上題，請問<u>小圓</u>應該請<u>親心</u>飲料店店員做表一中哪一個甜度，才能讓珍珠奶茶喝起來的甜度相當於半糖？請合理說明或詳細解釋你的看法。

◆ 說明：

題目資訊

內容領域	○數與量(N)　○空間與形狀(S)　◉變化與關係(R)　○資料與不確定性(D)
數學歷程	○形成　◉應用　○詮釋
情境脈絡	○個人　◉職業　○社會　○科學

學習重點	學習內容	A-7-4 二元一次聯立方程式的意義
	學習表現	a-IV-4 理解二元一次聯立方程式及其解的意義，並能以代入消去法與加減消去法求解和驗算，以及能運用到日常生活的情境解決問題。

QUESTION 2-2
破解書本的ISBN碼

　　你知道書也有身分證嗎？翻到書背後的條碼，你會發現上面有一串數字，用來記錄這本書的資訊，稱為 ISBN 碼。麗乃是一位新手書商，她需要歸檔新進貨的這批書本，利用 ISBN 碼，除了可以避免盜版書，也有整理的依據，並且完整的歸檔。

　　一組 ISBN 碼有 13 個數字，開頭三碼固定為 978，代表商品為圖書，剩下的 10 個數字，分別代表不同的意義，如下圖一，其中國家 / 語系碼由國際派發，接下來的號碼由各國分配。臺灣可使用 6 碼做為出版社碼與書序碼，其中出版社碼最少為 2 位數，剩下的號碼則做為書序碼。最後面的校驗碼，可以利用公式來檢查前面的號碼有沒有出錯。

國家/語系　出版社　書序　校驗碼

ISBN 978-986-5408-06-0

圖一　ISBN 碼的意義

( )　01　常見的國家 / 語系碼對應如表一。

表一　常見國家 / 語系碼

臺灣	中國	日文	英文系
957、986	7	4	0、1

請問圖一的這本書應該被歸類到書店的哪一區？

A) 臺灣 / 繁體中文區

B) 中國 / 簡體中文區

C) 日本 / 日文區

D) 英美 / 英文區

( ) <u>02</u> <u>麗乃</u>很喜歡<u>遠流</u>出的書，它們的出版社碼是 32，其出版的圖書 ISBN 碼就會統一是 978-957-32-xxxx-z，其中 xxxx 表示 4 位數書序碼，z 是校驗碼。她進一步了解後發現， 原來一個出版社碼有出書數量的上限，如果超過了，國家就會再發給這間出版社新的出 版社碼。如果<u>遠流</u>圖書的書序碼從 0001 開始編，請問<u>遠流</u>可以用 32 這組出版社碼最 多出幾本書？

A）32

B）9998

C）9999

D）10000

( ) <u>03</u> <u>麗乃</u>找到一本 2000 年出版的書，其 ISBN 碼只有 10 碼，且最後面的校驗碼已模糊： 「0-13-911991-●」。原來在 2007 年時，國際 ISBN 中心更改了 ISBN 碼的規則，舊版 ISBN 碼的校驗碼產生步驟如下：

步驟❶	由左至右，將 ISBN 碼的第一位數乘以 10，第二位數乘以 9，以此類推到第 九位數乘以 2，再將這些乘積相加。
步驟❷	將步驟 (1) 中算出來的值除以 11，得出餘數。如果餘數是 0，校驗碼就是 0，如果不是，就用 11 減掉此餘數，得到的值就是校驗碼[2]。

請問此書的校驗碼應該是多少？

A）1

B）4

C）5

D）7

[2] 若得出的校驗碼為 10，則在 ISBN 碼上會標成 X。

( ) **04** 從 2007 年開始，國際 ISBN 中心決定在扣除舊版 ISBN 碼的校驗碼後，將原本規劃的 9 個數字前面加上 978，並以新的校驗碼算法，來重新求得新版 ISBN 碼的校驗碼，其步驟如下：

步驟❶ 由左至右數 12 個位數的號碼，將其偶數位的每個數字都乘以 3 後相加，再與其奇數位的數字相加。

步驟❷ 將步驟 (1) 得到的結果除以 10，得出餘數。若餘數為 0，校驗碼就為 0，如果不是，就用 10 減掉此餘數，得到的值就是校驗碼。

如果有 2007 年再版的舊書，書上就會同時有新、舊兩組 ISBN 碼。若有本書的舊版 ISBN 碼為 986-5406-41-1，請問此書再版後的新版校驗碼是多少？

A) 0

B) 1

C) 3

D) 7

( ) **05** 麗乃找到一本條碼汙損的書，其 ISBN 碼只能看清：「978-986-6●35-21-7」。請問該書 ISBN 碼汙損的部分應該是什麼數字？

A) 0

B) 1

C) 3

D) 7

題目資訊

內容領域　〇數與量(N)　〇空間與形狀(S)　◉變化與關係(R)　〇資料與不確定性(D)

數學歷程　〇形成　◉應用　〇詮釋

情境脈絡　〇個人　◉職業　〇社會　〇科學

學習重點		
	學習內容	A-7-4　二元一次聯立方程式的意義
	學習表現	a-IV-4　理解二元一次聯立方程式及其解的意義，並能以代入消去法與加減消去法求解和驗算，以及能運用到日常生活的情境解決問題。

QUESTION 2-3

試算外送員的收入

近年餐飲外送的需求量增加,且具有工作時間彈性的優勢,不少民眾在閒暇之餘兼差當餐飲外送員。現在,臺灣到處都看得到餐飲外送員穿梭在大街小巷的畫面。

阿波是一名大學生,想要找一份打工賺取生活費,他發現有不少同學在做餐飲外送的工作,於是想來研究看看餐飲外送的收入。他在知名平台空腹熊貓官網上,查了外送員每件訂單的收入總和,是配送距離所產生「配送費」,加上不同區域與時段的「區域動態費」,再加上餐點送達後消費者給予一定評價星數的「消費者回饋」所得出[3]。

阿波的同學靈鶴很早就加入空腹熊貓當外送員,便時時向他請教外送員的計費細節。

<u>01</u> 所謂的「區域動態費」,正是因為同一區域不同時段,對餐點外送的需求不同而有高低差異。最近網站上公告了阿波所在區域附近的區域動態費,如表一以某區的週六為例,每件訂單可獲取對應的費用。

表一　區域動態費用表

時段	週六		
熱門程度	熱門	一般	宵夜
區域動態費 (元)	25	20	35

請根據表一判斷週六的區域動態費中,「宵夜」時段是否是最高的?
◍ 是　◍ 否

( )02 計算「配送費」時,每件訂單只要有成功取餐,就會先獲取 20 元,若取餐與送餐任一距離超過 1.5 公里,則超過的部分,每公里獲取 10 元,加總起來就會是此件訂單的配送費。阿波想試算可能獲取的配送費。若有一件訂單的取餐距離為 0.5 公里,成功取餐後,送餐距離為 2.5 公里,此件訂單結算的配送費應為多少元?

A) 10

B) 20

C) 30

D) 40

[3] 參考 2021 年 4 月 16 日起適用的收入計算資訊,其中部分項目須符合取單率的條件才能算進收入。

03 每隔一陣子，空腹熊貓會結算一名外送員的所有訂單。若消費者給予此外送員的評價星數平均不低於 4 顆星，則外送員的每件訂單即可獲取「消費者回饋」5 元。阿波希望可以當一名評價優良的外送員，來賺取消費者回饋的收入，他參考了靈鶴這陣子剛結算的消費者評價，如表二所示。

表二　靈鶴最近剛結算的消費者評價

訂單編號	一	二	三	四	五	六	七	八	九	十
評價星數	3	5	4	5	5	2	4	3	5	5

阿波想試算靈鶴本次否能獲取的消費者回饋。請你根據表二的 10 件訂單評價，協助阿波判斷，並合理說明或詳細解釋你的看法。

◉ 是　◉ 否

◆ 說明：

04 阿波預設：「我如果一天完成 24 件外送訂單，只要平均評價星數不低於 4 顆星，設計好排班時間，就可以賺到 1360 元！」已知阿波一天能排班的時間，包含一個較熱門與一個較冷門的時段，其對應區域動態費分別為 40 元與 20 元。另外，根據官方公告，阿波所在區域平均每件訂單的配送費為30元。承第1～3題，阿波想根據上述資訊試算，請問他在兩個時段完成的訂單件數應分別多少，才能剛好達到一天賺 1360 元的目標？請合理說明或詳細解釋你的看法。

◆ 說明：

題目資訊

內容領域　○數與量(N)　○空間與形狀(S)　●變化與關係(R)　○資料與不確定性(D)

數學歷程　○形成　●應用　○詮釋

情境脈絡　○個人　○職業　●社會　○科學

學習重點

學習內容　A-7-4　二元一次聯立方程式的意義

學習表現　a-IV-4　理解二元一次聯立方程式及其解的意義，並能以代入消去法與加減消去法求解和驗算，以及能運用到日常生活的情境解決問題。

PREVIOUS EXAM
歷屆會考考題

104 年會考選擇題第 19 題

圖（十三）甲、乙、丙三根筆直的木棍平行擺放在地面上的情形。已知乙有一部分只與甲重疊，其餘部分只與丙重疊，甲沒有與乙重疊的部分的長度為 1 公尺，丙沒有與乙重疊的部分的長度為 2 公尺。若乙的長度最長且甲、乙的長度相差 x 公尺，乙、丙的長度相差 y 公尺，則乙的長度為多少公尺？

(A) $x+y+3$

(B) $x+y+1$

(C) $x+y-1$

(D) $x+y-3$

答：(A)

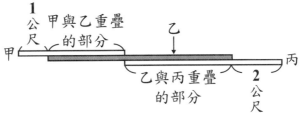

圖（十三）

105 年新店高中考場重考選擇題第 18 題

桌面上有甲、乙、丙三個杯子，三杯內原本均裝有一些水。先將甲杯的水全部倒入丙杯，此時丙杯的水量為原本甲杯內水量的 2 倍多 40 毫升；再將乙杯的水全部倒入丙杯，此時丙杯的水量為原本乙杯內水量的 3 倍少 180 毫升。若過程中水沒有溢出，則原本甲、乙兩杯內的水量相差多少毫升？

(A) 80

(B) 110

(C) 140

(D) 220

答：(B)

106 年會考選擇題第 15 題

威立到小吃店買水餃，他身上帶的錢恰好等於 15 粒蝦仁水餃或 20 粒韭菜水餃的價錢。若威立先買了 9 粒蝦仁水餃，則他身上剩下的錢恰好可買多少粒韭菜水餃？

(A) 6

(B) 8

(C) 9

(D) 12

答：(B)

107 年會考選擇題第 25 題

某商店將巧克力包裝成方形、圓形禮盒出售，且每盒方形禮盒的價錢相同，每盒圓形禮盒的價錢相同。阿郁原先想購買 3 盒方形禮盒和 7 盒圓形禮盒，但他身上的錢會不足 240 元，如果改成 7 盒方形禮盒和 3 和圓形禮盒，他身上的錢會剩下 240 元。若阿郁最後購買 10 盒方形禮盒，則他身上的錢會剩下多少元？

(A) 360

(B) 480

(C) 600

(D) 720

答：(C)

108 年會考選擇題第 16 題

小涵與阿嘉一起去咖啡店購買咖啡豆，咖啡豆每公克的價錢固定，購買時自備容器則結帳金額再減 5 元。若小涵購買咖啡豆 250 公克且自備容器，需支付 295 元；阿嘉購買咖啡豆 x 公克但沒有自備容器，需支付 y 元，則 y 與 x 的關係式為下列何者？

(A) $y = \dfrac{295}{250}x$

(B) $y = \dfrac{300}{250}x$

(C) $y = \dfrac{295}{250}x + 5$

(D) $y = \dfrac{300}{250}x + 5$

答：(B)

108 年會考選擇題第 21 題

小宜跟同學在某餐廳吃飯，圖（十五）為此餐廳的菜單。若他們所點的餐點總共為 10 份義大利麵，x 杯飲料，y 份沙拉，則他們點了幾份 A 餐？

(A) $10-x$

(B) $10-y$

(C) $10-x+y$

(D) $10-x-y$

答：(A)

A餐：一份義大利麵
B餐：一份義大利麵加一杯飲料
C餐：一份義大利麵加一杯飲料與一份沙拉

圖（十五）

109 年會考選擇題第 25 題

圖（十八）為有春蛋糕店的價目表，阿凱原本拿了 4 個蛋糕去結帳，結帳時發現該店正在舉辦優惠活動，優惠方案為每買 5 個蛋糕，其中 1 個價格最低的蛋糕免費，因此阿凱後來多買了 1 個黑櫻桃蛋糕。若阿凱原本的結帳金額為 x 元，後來的結帳金額為 y 元，則 x 與 y 的關係是不可能為下列何者？

(A) $y=x$

(B) $y=x+5$

(C) $y=x+10$

(D) $y=x+15$

答：(B)

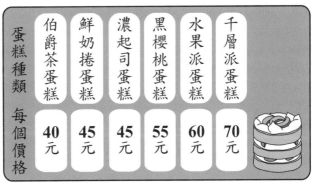

蛋糕種類	伯爵茶蛋糕	鮮奶捲蛋糕	濃起司蛋糕	黑櫻桃蛋糕	水果派蛋糕	千層派蛋糕
每個價格	40元	45元	45元	55元	60元	70元

圖（十八）

109 年補考選擇題第 17 題

已知大發饅頭店每日準備 **500** 個饅頭販售,每個饅頭的原價為 **20** 元,且晚上關店時未售出的饅頭一律丟棄。為了減少未售出而丟棄的饅頭數量,晚上六點後到八點一律打 **8** 折,晚上八點後到關店前一律打 **5** 折。已知某日的晚上六點時店裡剩下 **50** 個饅頭,晚上八點時剩下 x 個,關店時剩下 y 個。若隔日所有饅頭在晚上六點前即售完,則這兩日大發饅頭店販售饅頭的收入相差多少元?

(A) $200-10x$

(B) $200+6x+10y$

(C) $200+6x+26y$

(D) $200+10x+20y$

答:(B)

110 年會考選擇題第 20 題

已知捷立租車行有甲、乙兩個營業據點,顧客租車後當日須於營業結束前再任意一個據點還車。某日營業結束清點車輛時,發現在甲歸還的自行車比從甲出租的多 **4** 輛。若當日甲出租且在甲歸還的自行車為 **15** 輛,從乙出租且在乙歸還的自行車為 **13** 輛,則關於當日從甲、乙出租的自行車數量,下列比較何者正確?

(A) 從甲出租的比從乙出租的多 **2** 輛

(B) 從甲出租的比從乙出租的少 **2** 輛

(C) 從甲出租的比從乙出租的多 **6** 輛

(D) 從甲出租的比從乙出租的少 **6** 輛

答:(B)

110 年補考選擇題第 21 題

甲、乙兩班學生一起上體育課時分成籃球與排球兩組,每位學生須選擇其中一組參加。若籃球組總人數為甲班學生人數的 $\frac{3}{2}$ 倍再多 **2** 人,排球組總人數為乙班學生人數的 $\frac{1}{4}$ 倍再多 **3** 人,則下列關於甲班、乙班學生人數的敘述,何者正確?

(A) 甲班學生人數是乙班學生人數的 $\frac{3}{2}$ 倍再多 **10** 人

(B) 甲班學生人數是乙班學生人數的 $\frac{3}{2}$ 倍再少 **10** 人

(C) 甲班學生人數是乙班學生人數的 $\frac{2}{3}$ 倍再多 **10** 人

(D) 甲班學生人數是乙班學生人數的 $\frac{2}{3}$ 倍再少 **10** 人

答:(B)

110 年補考非選擇題第 1 題

生活中有許多物品與服務使用阿拉伯數字 **0**～**9** 進行編碼識別,並在編碼的個位數後標上一位數檢核碼,以檢查編碼是否被掃描裝置誤判或人工輸入誤植。我們以二位數編碼說明一種產生檢核碼的方法,如表(一)所示。

表(一)

格式		
產生檢核碼	步驟一	將編碼中的十位數字乘上**2**、個位數字乘上**3**,再將這些乘積相加。
	步驟二	步驟一中得出的數值,其個位數字即為此編碼的檢核碼。

已知編碼中的十位數字與個位數字皆可為 **0**～**9**,請根據上述資訊,回答下列問題,並詳細解釋或完整寫出你的解題過程:

(1) 求出編碼 **16** 與 **94** 的檢核碼，並判斷兩者是否相同？

(2) 若編碼的十位數字為 **a**、個位數字為 **b**，請求出「將編碼的十位數與個位數對調後，仍可得出與原本編碼相同的檢核碼」之所有可能編碼，並說明為何除了這些編碼以外，其他的編碼都不可能。

參考答案：

(1) 根據表（一）的資訊，

「**16**」從步驟一可得出 **2×1+3×6=20**，故從步驟二可知「**16**」的檢核碼為 **0**

「**94**」從步驟一可得出 **2×9+3×4=30**，故從步驟二可知「**94**」的檢核碼為 **0**

故兩者的檢核碼相同。

(2) 因為編碼的十位數字為 **a**、個位數字為 **b**，故原本的編碼可表示成 **10a+b**，其檢核碼為 **(2a+3b)÷10** 的餘數。

當編碼的十位數與個位數對調後，新的編碼可表示成 **10b+a**，其檢核碼為 **(2b+3a)÷10** 的餘數。

假設原本與新的編碼的檢核碼皆為 **k**，則可推得 $2a+3b=10p_1+k$，$2b+3a=10p_2+k$，其中 p_1、p_2 分別為 **(2a+3b)÷10**、**(2b+3a)÷10** 的商數。

兩式相減可得 $(2a+3b)-(2b+3a)=10(p_1-p_2)$，即 $b-a=10(p_1-p_2)$

因為 **a**、**b** 皆為阿拉伯數字 **0** ～ **9**，所以僅會在 $p_1=p_2$ 時滿足 $b-a=10(p_1-p_2)$，即 **b-a=0**

故只有「十位數字與個位數字相同」的編碼，才有可能在數字對調後，得出與原本編碼相同的檢核碼，即 **00**、**11**、**22**、**33**、**44**、**55**、**66**、**77**、**88**、**99**

單元三　直角坐標與
二元一次方程式的圖形
UNIT THREE

QUESTION 3-1

探測地震的位置

　　臺灣偶爾會發生各種大大小小的地震，大型地震會連房屋都震倒，造成巨大的損傷，更嚴重的是威脅到人們的性命安危。現在的地震速報就是希望能搶在地震到來前，發出警告，提醒人們趕快避難。

　　地震速報怎麼做到的呢？其實，地震分成兩種不同的波，其中「P 波」跑得比較快，晃動也比較小。「S 波」則跑得比較慢，晃動較大，如下圖一。

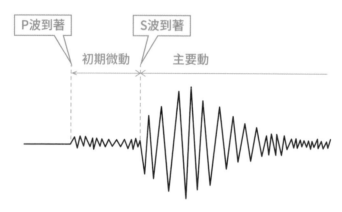

圖一　震波中的 P 波與 S 波

　　所以，只要知道 P 波與 S 波抵達某個地點的時間差，再藉由已知的 P 波與 S 波波速，就可以利用大森公式推出該地點與震源的距離，其計算方法如下：

$$r = K \cdot t$$

r：某地點與震源的距離（單位：公里）

K：大森係數

t：P 波與 S 波抵達某地點的時間差（單位：秒）

<u>01</u>　當一場地震發生時，請判斷 P 波跑到某地所花的時間，是否比 S 波跑到該地所花的時間短？

　　　● 是　　● 否

( ) **02** 某次地震，在甲、乙兩個地點的觀測資料如下表一。

表一　甲、乙兩個地點的觀測資料

觀測地點	P 波與 S 波抵達時差（秒）	離震源距離（公里）
甲	1.99	13.9
乙	3.01	21.1

請試著估算，本次地震的 K 值大約應為何？

A) 3

B) 5

C) 7

D) 9

( ) **03** 承上題，在本次地震中，有一個離震源距離 62.5 公里的地點丙，在早上某時接收到了 P 波，請問 S 波（主震）大約幾秒後會抵達丙？

A) 5

B) 9

C) 21

D) 45

04 在同一次地震中，若 P 波與 S 波抵達某地點的時間差愈大，請判斷該位置是否離地震震源愈遠，並合理說明或詳細解釋你的看法。

❀是　❀否

◆ 說明：

(　) 05 大森公式能作為地震分析時，判斷位置的理論基礎，而地理位置常以坐標方式呈現。今有丁、戊、己三個測站觀測到地震，測站的坐標和與震央[4]的距離分別如下：

丁：$(2, 4)$，距離震央 2

戊：$(-1, 4)$，距離震央 1

己：$(0, 1)$，距離震央 3

請問這起地震的震央坐標為何？

A) $(0, 4)$

B) $(2, 0)$

C) $(2, 1)$

D) $(4, 4)$

提 示

如果以離震央的距離為半徑、測站為圓心，在坐標平面上分別畫出屬於三個測站的圓形，則交點即為震央的位置。

題目資訊

內容領域	○數與量(N)　○空間與形狀(S)　◉變化與關係(R)　○資料與不確定性(D)
數學歷程	○形成　◉應用　○詮釋
情境脈絡	○個人　◉職業　○社會　○科學

學習重點	學習內容	G-7-1　平面直角坐標系
	學習表現	g-IV-1　認識直角坐標的意義與構成要素，並能報讀與標示坐標，以及計算兩個坐標點的距離。

[4] 震源垂直向上接觸到地面上的位置，稱之為震央。此僅討論平面的距離問題。

QUESTION 3-2

控制開店的成本

　　想要良好地經營一間店，必須時時評估成本，不論是製作商品或人事、店租等等，皆是不可避免的開銷。如何從這些費用中找到平衡點，將影響店面是否能順利賺錢的關鍵。

　　成本分成好幾種：有隨著賣出的量而變化的費用，稱為「變動成本」，例如食材成本、營業用品費；不隨著賣出的量而改變的費用，則稱為「固定成本」，例如房租。兩種成本的總和，就是開店的總成本了！

　　嚕嚕米打算開一間飲料店，但為了控制開銷，他需要試算每月總成本。跟他一起來分析吧！

<u>01</u> 嚕嚕米每個月都需要採買裝飲料的杯子，請問買杯子的錢是固定成本還是變動成本呢？
　　◉ 固定成本　　◉ 變動成本

( ) <u>02</u> 嚕嚕米找到 1 間店面與 2 名員工，開始採買製作飲料所需的食材。已知店面每月租金 5 萬元，每名員工的每月薪資與勞健保費用總共為 3 萬。請問此飲料店每個月的固定成本為多少元？

A) 8萬

B) 11萬

C) 13萬

D) 16萬

<u>03</u> 在決定好要販售的品項與售價後，嚕嚕米計算出製作每杯飲料的變動成本為 20 元。承上題，假設 x 表示每個月飲料店售出飲料的杯數，y 表示每個月開店的總成本，請合理說明或詳細解釋 x 與 y 的關係式應如何表示？

◆ 說明：

<u>04</u> 嚕嚕米想要將總成本的資訊畫成圖，可以幫助他更快速地掌握成本的資訊。承上題，請找出 x 與 y 關係式的兩組解，並將此關係式的圖形，繪製在右方的坐標平面上。

-------- 提示 --------
注意坐標平面兩軸上
所標示的單位

x		
y		

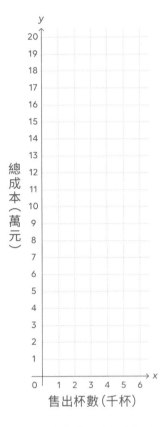

（　）<u>05</u> 嚕嚕米可以根據圖示，很快地判斷銷售量與成本間的狀態，也因此發現這樣的經營方式必須調整，但店面租金和支付員工的總費用很難降低了。承上題，若嚕嚕米成功地降低每杯飲料的變動成本，其餘的開銷不變，則下列哪個選項較有可能是降低變動成本後的總成本圖形？

A)
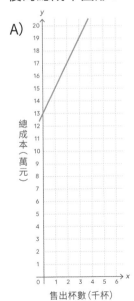

B)
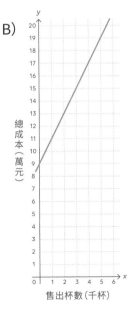

C)
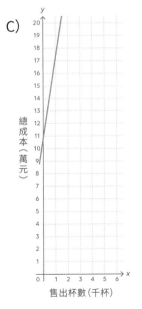

D)
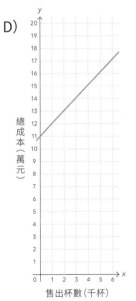

延伸學習

題目資訊

內容領域 ○數與量(N) ○空間與形狀(S) ◉變化與關係(R) ○資料與不確定性(D)

數學歷程 ○形成 ◉應用 ○詮釋

情境脈絡 ○個人 ○職業 ◉社會 ○科學

學習重點	學習內容	A-7-4 二元一次聯立方程式的意義 A-7-6 二元一次聯立方程式的幾何意義
	學習表現	g-IV-2 在直角坐標上能描繪與理解二元一次方程式的直線圖形，以及二元一次聯立方程式唯一解的幾何意義。 a-IV-4 理解二元一次聯立方程式及其解的意義，並能以代入消去法與加減消去法求解和驗算，以及能運用到日常生活的情境解決問題。

PREVIOUS EXAM
歷屆會考考題

109 年會考選擇題第 9 題

已知小薇住家的西方 **100** 公尺處為車站，住家的北方 **200** 公尺處為學校，且從學校往東方走 **100** 公尺，再往南方走 **400** 公尺可到達公園。若小薇將住家、車站、學校分別標示在坐標平面上的 **(2,0)**、**(0,0)**、**(2,4)** 三點，則公園應標示在此坐標平面上的哪一點？

(A) **(4, −4)**

(B) **(4,12)**

(C) **(0, −4)**

(D) **(0,12)**

答：(A)

單元四　比與比例式
UNIT FOUR

QUESTION 4-1
揪出房價裡的小秘密

　　房價高漲，臺北市中心房子每坪要價破百萬。然而，不只每坪價格高，臺灣的坪數計算也跟你直覺想的不太一樣。賣屋廣告上寫的通常是「權狀坪數」，包括了主建物、附屬建物、公設這三塊的面積，如下表一。

表一　權狀坪數包括的面積類別

類別	描述
主建物	室內使用面積
附屬建物	陽台等
公設	樓梯、電梯等

圖一　某房屋的新聞報導畫面

　　右圖一是某則新聞報導出現的畫面，其中公設比為整間房的「權狀坪數中公設所佔的比例」，且已知該戶的權狀坪數是 50 坪。

　　請依據上述資訊，回答下列各題：

01 請判斷此建築物的公設面積，是否超過權狀坪數的一半？

　　　　是　　　否

( ) 02 若該戶附屬建物 (陽台) 為 2 坪，請問主建物 (室內使用面積) 為幾坪？

A) 21.5坪

B) 23.5坪

C) 25.5坪

D) 26.5坪

(　) 03　請問買整間房的價格約為多少元？

A) 564萬

B) 636萬

C) 1200萬

D) 2264萬

(　) 04　若有一廣告以權狀 50 坪的坪數宣傳，請問廣告上面每坪的單價會寫約多少錢？

A) 11萬

B) 13萬

C) 24萬

D) 45萬

(　) 05　承上題，若以主建物的坪數來計算實際的每坪單價，會比廣告的每坪單價貴幾萬？

A) 17萬

B) 32萬

C) 60萬

D) 81萬

延伸學習

題目資訊

內容領域	◉ 數與量(N) ○ 空間與形狀(S) ○ 變化與關係(R) ○ 資料與不確定性(D)
數學歷程	○ 形成 ◉ 應用 ○ 詮釋
情境脈絡	◉ 個人 ○ 職業 ○ 社會 ○ 科學

學習重點	學習內容	N-7-9 比與比例式
	學習表現	n-IV-4 理解比、比例式、正比、反比和連比的意義和推理，並能運用到日常生活的情境解決問題。

QUESTION 4-2

探索草船借箭的奧秘

　　《三國演義》裡有許多精采的故事，其中的「草船借箭」，展現出一代軍師諸葛孔明的神機妙算。故事裡，周瑜為難孔明，要他在 10 天內造出 10 萬枝箭，沒想到孔明回答只要 3 天：「望子敬借我二十隻船，每船要軍士三十人，船上皆用青布為幔，各束草千餘個，分佈兩邊，吾自有妙用，第三日包管有十萬箭。」

　　後來，孔明將載滿稻草人的船隊開往曹操水軍。曹操以為大軍來襲，要軍隊射箭迎擊，孔明便順利收集到 10 萬枝箭，完成了周瑜交派的任務。

(　) 01 根據題幹中的內容，請問孔明要收集到多少枝箭？

A) 20

B) 30

C) 100000

D) 300000

(　) 02 當時的主戰場位置落在長江烏林一帶，如右圖一。若以赤壁古戰場河岸邊到對面河岸的距離來看，根據圖一中的比例尺資訊，請問此處的河道寬度約為多少公里？

A) 0.5~0.8公里

B) 1~1.3公里

C) 2~2.3公里

D) 2.8~3公里

圖一　古戰場所在的長江烏林一帶

03 《三國演義》中記載了孔明這麼說：「遂命將二十隻船，用長索相連，逕望北岸進發。」意思是，孔明要求船隻連在一起，同一側被射滿之後，再快速迴轉，換成另一側接箭。在交戰時刻，船速相當快，若要安全迴轉 180 度，所需要的迴轉直徑相當於 6.5 個船身，如右圖二。

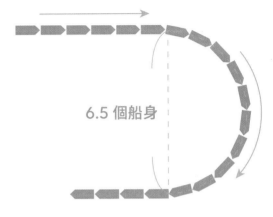

6.5 個船身

圖二　船隻迴轉示意圖

承上題，已知船身長度約 200〜250 公尺，請判斷這 20 隻船是否有辦法在此河道中迴轉？

　● 是　　● 否

◆ 說明：

04 書中另有記載：「魯肅私自撥輕快船 20 隻」。原來，稻草人不一定要跟真人一樣大，只要船隻跟稻草人都等比例縮小，半夜大霧之中，曹操軍隊就會誤判，以為是大船載滿士兵來襲。考慮到這點，當稻草人的身寬，從與真人身寬相同的 50 公分，縮小到 10 公分，且船身也根據稻草人縮小的比例跟著縮小時，請判斷此時這 20 隻輕快船是否就能順利在圖一的河道中迴轉，並合理說明或詳細解釋你的看法。

　● 是　　● 否

◆ 說明：

延伸學習

題目資訊

內容領域 ◉數與量(N) ○空間與形狀(S) ○變化與關係(R) ○資料與不確定性(D)

數學歷程 ◉形成 ○應用 ○詮釋

情境脈絡 ○個人 ○職業 ○社會 ◉科學

學習重點

學習內容　N-7-9　比與比例式

學習表現　n-IV-4　理解比、比例式、正比、反比和連比的意義和推理，並能運用到日常生活的情境解決問題。

QUESTION 4-3

填滿手機螢幕的畫面

　　手機尺寸五花八門，光是螢幕尺寸就有多種差異，而螢幕尺寸的長寬比就是一種分類的方式。

　　各款式的長寬比不同，手機有因此相對應顯示的方式，為了讓同張照片能在不同手機中，維持照片原本的比例，因此照片會置中且等比例縮放，而沒用到的螢幕部分自動用黑色填滿。以下圖一為例，黑色區域為手機螢幕沒用到的部分（即照片的上下方）。

圖一　手機螢幕上照片顯示與未使用的區域

　　今有甲、乙、丙、丁四個款式的手機，螢幕都跟手機本體一樣大，甲、乙、丙款式的手機寬度一樣，但長度與寬度的比例不同，分別為 16：9、16：10、216：100，而丁款式的手機長寬比也是 16：10，不過它的長度與甲款式的相同。

01 今在螢幕長寬比為 16：9 的手機中，開啟一張正方形的照片時，請判斷螢幕是否會出現自動被黑色填滿的部分？

　　◯ 是　　◯ 否

(　) 02 右圖二是甲、乙、丙款式的手機模型機，但模型廠商沒有標示清楚各自為哪一個款式。請問圖二中由左到右應分別為哪一款？

A) 甲、乙、丙

B) 丙、乙、甲

C) 丙、甲、乙

D) 乙、甲、丙

圖二　甲、乙、丙款式的手機模型機

03 今在丁款式手機中點開一張比例為 16：9 的直向照片，在不將手機轉橫看的情況下，請仿照圖一，將此照片在丁款式手機螢幕上顯示的結果，畫在下方的空格中。須將照片區域及被黑色填滿的區域清楚地標示在你所畫的圖中。

( )04 若在甲款式跟乙款式的手機中，點開同一張 16：9 的直向照片，在不將手機轉橫看的情況下，請問下列敘述何者正確？

A）甲款式的手機螢幕顯示上，照片的上下方會自動被黑色填滿

B）乙款式的手機螢幕顯示上，照片的上下方會自動被黑色填滿

C）乙款式手機螢幕上顯示的照片邊長，比甲款式手機螢幕上顯示的小 10%

D）兩牌手機的照片一模一樣大

題目資訊

內容領域	◉數與量(N)　○空間與形狀(S)　○變化與關係(R)　○資料與不確定性(D)
數學歷程	○形成　◉應用　○詮釋
情境脈絡	◉個人　○職業　○社會　○科學

學習重點	學習內容	N-7-9　比與比例式
	學習表現	n-IV-4 理解比、比例式、正比、反比和連比的意義和推理，並能運用到日常生活的情境解決問題。

QUESTION 4-4

漫遊傑克與魔豆的世界

童話故事總是迷人，只是變成現實生活的話就有點驚人。以<u>英國童話《傑克與魔豆》</u>為例，故事的主角<u>傑克</u>用牛換了魔豆回家後，媽媽不相信這是魔豆，氣得把豆子扔出窗外。一夜之間，魔豆長到穿越雲層。之後，<u>傑克</u>順著魔豆往上爬，來到巨人的家。

魔豆到底長多快，<u>傑克</u>又多會攀爬呢？讓我們來算算看童話裡的數學吧！

( ) <u>01</u> 首先，假設<u>傑克</u>回家的時間約是下午 5 點。請問下午 5 點可換算成 24 小時制的幾點？

A) 5

B) 12

C) 17

D) 29

( ) 02 大氣分成好幾層，最接近地表的對流層天氣變化複雜，一直要到距離地表約 12 公里的平流層，氣流才會相對穩定。因此，我們假設故事中巨人就是在距離地表 12 公里高的地方生活；<u>傑克</u>一溜煙就跑上去，聽起來不太可能，因為現實裡，<u>美國知名攀爬專家霍諾爾德</u>爬上約 1 公里高的巨石花了約 4 小時的時間。如果<u>霍諾爾德</u>來挑戰魔豆，請問他爬到巨人的住家，最少須爬多少小時？

A) $\frac{1}{4}$

B) 3

C) 12

D) 48

( ) 03 <u>傑克</u>私闖巨人家後，巨人太太讓他躲在鍋子中，以免被找到。能讓孩童身高的<u>傑克</u>躲入的鍋子，深度至少有 120 公分。巨人的身高所使用的鍋子比例，應與普通人類所使用的鍋子比例相同，假設成年人 174 公分的高度，家裡使用的鍋子約 29 公分深，請問巨人身高應約幾公尺？

A) 1.7

B) 7.2

C) 20

D) 42

(　) 04 資料顯示，<u>霍諾爾德</u>是位 180 公分的成年人，根據第 2 題的結果，爬行 12 公里高的魔豆要花許久的時間。若是身高與爬行的時間成反比，利用魔豆往返人間的巨人，從地面要爬回住家，請問需要幾小時？

A) 0.75

B) 3

C) 4

D) 12

延伸學習

題目資訊

內容領域　◉數與量(N)　○空間與形狀(S)　○變化與關係(R)　○資料與不確定性(D)

數學歷程　○形成　◉應用　○詮釋

情境脈絡　◉個人　○職業　○社會　○科學

學習重點	學習內容	N-7-9　比與比例式
	學習表現	n-IV-4 理解比、比例式、正比、反比和連比的意義和推理，並能運用到日常生活的情境解決問題。

歷屆會考考題

104 年會考選擇題第 13 題

已知甲、乙為兩把不同刻度的直尺,且同一把直尺上的刻度之間距離相等,耀軒將此兩把直尺緊貼,並將兩直尺上的刻度 0 彼此對準後,發現甲尺的刻度 36 會對準乙尺的刻度 48,如圖(八)所示。若今將甲尺向右平移且平移過程中兩把直尺維持緊貼,使得甲尺的刻度 0 會對準乙尺的刻度 4,如圖(九)所示,則此時甲尺的刻度 21 會對準乙尺的哪一個刻度?

(A) 24

(B) 28

(C) 31

(D) 32

答:(D)

圖(八)

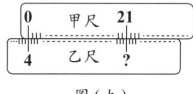

圖(九)

104 年會考選擇題第 22 題

已知甲校原有 1016 人,乙校圍有 1028 人,寒假期間甲、乙兩校人數變動的原因只有轉出與轉入兩種,且轉出的人數比為 1：3,轉入的人數比也為 1：3。若寒假結束開學時甲、乙兩校人數相同,則乙校開學時的人數與原有的人數相差多少?

(A) 6

(B) 9

(C) 12

(D) 18

答:(D)

105 年新店高中考場重考選擇題第 15 題

某場音樂會販售的座位分成一樓與二樓兩個區域。若一樓售出與未售出的座位數比為 4：3,二樓售出與未售出的座位數比為 3：2,且此場音樂會一、二樓未售出的座位數相等,則此場音樂會售出與未售出的座位數比為何?

(A) 2：1

(B) 7：5

(C) 17：12

(D) 24：17

答:(C)

109 補考選擇題第 16 題

已知星星大學有甲、乙兩個圖書館，其藏書的數量比為 4：3。若星星大學分別替甲和乙添購相同數量的新書，添購後甲和乙藏書的數量比變為 11：9，則這兩個圖書館所添購的新書數量總和，與其原有藏書數量總和的比值為多少？

(A) $\dfrac{3}{7}$

(B) $\dfrac{13}{7}$

(C) $\dfrac{3}{10}$

(D) $\dfrac{13}{10}$

答：(A)

110 年會考選擇題第 24 題

小文原本計畫使用甲、乙兩臺影印機於 10：00 開始一起印製文件並持續到下午，但 10：00 時有人正在使用乙，於是他先使用甲印製，於 10：05 才開始使用乙一起印製，且到 10：15 時乙印製的總張數與甲相同，到 10：45 時甲、乙印製的總張數合計為 2100 張。若甲、乙的印製張數與印製時間皆成正比，則依照小文原本的計畫，甲、乙印製的總張數會在哪個時間達到 2100 張？

(A) 10：40

(B) 10：41

(C) 10：42

(D) 10：43

答：(C)

110 年補考選擇題第 16 題

媽媽準備了紅茶、鮮奶及若干個完全相同的杯子,並將所有紅茶及一部分的鮮奶以 $3:1$ 的體積比混合成鮮奶茶。若鮮奶茶剛好到滿 6 個杯子,而剩下的鮮奶剛好到滿 4 個杯子,則媽媽準備的紅茶與鮮奶的體積比為何?

(A) $1:1$

(B) $3:5$

(C) $6:4$

(D) $9:11$

答:(D)

111 年參考題本選擇題第 17 題

顏料調色時可用「洋紅、青、黃」三色為基礎混合出不同的顏色,以下表示利用此三色調出綠、紅、藍色所需的比例

$$10\,ml\ 黃 + 10\,ml\ 青 = 20\,ml\ 綠$$
$$10\,ml\ 黃 + 10\,ml\ 洋紅 = 20\,ml\ 紅$$
$$10\,ml\ 青 + 10\,ml\ 洋紅 = 20\,ml\ 藍$$

而這六種顏色再依不同比例混合後,可調出更多種顏色,例如:葡萄紫色可由藍色與洋紅色依 $2:1$ 的比例混合而成。若阿凱想將調色盤中的 $40\,ml$ 洋紅色顏料都用來調出葡萄紫色,則他應該加入多少青色顏料至調色盤中?

(A) $20\,ml$

(B) $40\,ml$

(C) $60\,ml$

(D) $80\,ml$

答:(A)

單元五 一元一次不等式
UNIT FIVE

QUESTION 5-1

選擇省水的洗澡法

阿德和阿依兩人住在一起，阿德喜歡泡澡，阿依很重視環保，他認為每天泡澡太浪費水了，便要求阿德改成跟他一樣用淋浴。沒想到，阿德不但不接受，還反駁：「你淋浴的時候怕水溫變來變去，從來不關蓮蓬頭，這才浪費水。不像我，浴缸從來不放滿。」

兩人吵起來，阿依決定上網找資料，用數據來反駁。下表一是阿依整理出來兩種洗澡方式的用水量。

表一　洗澡方式與水量

洗澡方式	水量
泡澡	浴缸 240 公升
淋浴	低速模式出水量每分鐘 8 公升，高速模式出水量每分鐘 12 公升

01 根據表一，請判斷淋浴 1 分鐘時，低速模式的出水量是否比高速模式的多？

　● 是　● 否

( ) 02 阿依都用高速模式沖水，而且洗 30 分鐘以上，請問他每次洗澡的用水量最少有幾公升？

A) 120

B) 160

C) 240

D) 360

( ) 03 阿德泡澡用的浴缸也是 240 公升，但泡澡時，他放的水量只有浴缸容量的 $\frac{2}{3}$。阿依發現自己得縮短淋浴時間，否則真的比阿德還浪費水。在阿依淋浴全程使用高速模式的情況下，他每次最多只能淋浴幾分鐘，才不會超過阿德每次泡澡的用水量？

A) 10

B) 13

C) 20

D) 30

04 <u>阿依</u>妥協縮短洗澡時間，<u>阿依</u>說：「我最少也要洗 20 分鐘啊，而且淋浴一開始跟最後我還是想用高速模式沖洗，但可以改中間的一些時間用低速模式就好，這樣至少我的用水就不會超過你了！」按照<u>阿依</u>的方法，他每次洗澡 20 分鐘的用水量，是否真的有可能不超過<u>阿德</u>每次洗澡的用水量？請合理說明或詳細解釋你的看法。

　　是　　否

◆ 說明：

題目資訊

內容領域	○數與量(N) ○空間與形狀(S) ◉變化與關係(R) ○資料與不確定性(D)

數學歷程	○形成 ◉應用 ○詮釋

情境脈絡	◉個人 ○職業 ○社會 ○科學

學習重點	學習內容	A-7-8 一元一次不等式的解與應用
	學習表現	a-IV-3 理解一元一次不等式的意義，並應用於標示數的範圍和其在數線上的圖形，以及使用不等式的數學符號描述情境，與人溝通。

QUESTION 5-2
突破A4紙張的限制

請搭配 P78 附件剪單使用

A4 長方形紙張是生活常見的物品，長、寬分別約為 30、21 公分[5]。如果要在紙上剪出一個洞，一般人都會想：「洞最大也不可能超過長方形的範圍吧！」

小茜是個不服輸的學生，他想試著不用重新拼接的方式，利用 A4 紙張剪出比其周長更大的洞，甚至讓自己可以穿過去！跟著小茜一起來剪出個大洞吧！

01 請判斷小茜身體最寬的距離是 40 公分，是否比 A4 紙張的長還要長？
   ◉ 是　　◉ 否

(　) 02 為了在不剪斷紙張重新拼接的情形下，增加洞的周長，小茜想要先找出「增加線條長度」的剪法。他準備了一張長 10 公分、寬 6 公分的長方形紙張，並依下列步驟進行：

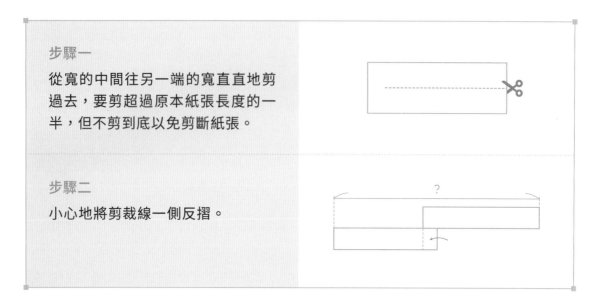

步驟一

從寬的中間往另一端的寬直直地剪過去，要剪超過原本紙張長度的一半，但不剪到底以免剪斷紙張。

步驟二

小心地將剪裁線一側反摺。

已知步驟一中，剪裁線（即對應圖中的紅色虛線處）與紙張的長邊平行。請問根據步驟二後反摺後的紙張長度（即對應圖中的問號處），與下列哪一個選項所述的長度相同？

A）原本紙張長度的 1.5 倍

B）原本紙張長度的 2 倍

C）剪裁線長度的 1.5 倍

D）剪裁線長度的 2 倍

---

[5] 實際的 A4 紙張尺寸為 297mm×210mm。為了方便計算，在此題取 300mm×210mm。

( ) <u>03</u> <u>小茜</u>想把第 2 題的方法應用到 A4 紙張上，找出能擴大洞的剪裁位置。他依下列步驟，剪出接近 A4 尺寸的洞：

步驟一

將 A4 紙沿著長邊對摺。

步驟二

在兩側預留間距，從摺線往另一端的寬直直地剪過去，要剪超過長邊對摺後長度的一半，但不剪到底以免剪斷紙張。

步驟三

將 A4 紙張展開，並將兩條剪裁處之間的摺線剪掉。

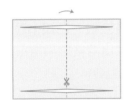

步驟四

小心地將剪裁出的兩個紙張，依連接處反摺。

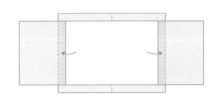

已知步驟二中，剪裁線（即對應圖中的紅色虛線處）與 A4 紙張的長邊平行。承上題，若要從步驟四的圖中再繼續剪裁，請判斷下列哪一個選項中的剪裁線，能夠在不剪斷紙張的情形下，讓洞變得更大？

A)

C)

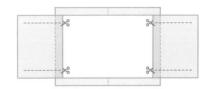

B)

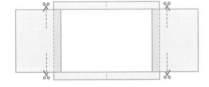

D)

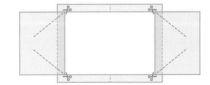

04 經過實驗，<u>小茜</u>成功讓自己穿過 A4 紙張了！他想當場表演，剪給同學們看。因此他先規劃剪紙的間距。<u>小茜</u>希望在第 3 題步驟二剪裁時，讓剪裁線與邊緣的距離相同，且從步驟四的圖中再繼續剪裁時，皆維持同樣的間距。以步驟四的圖為例，剪裁線與邊緣的距離，如圖一中的黑色雙箭頭所示。

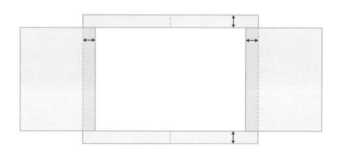

圖一　剪裁線與邊緣距離相等的位置

<u>小茜</u>希望在完成第 3 題的剪裁步驟後，就可以讓自己穿過紙張。已知<u>小茜</u>身體最寬的地方為 40 公分、最厚的地方為 15 公分，請你幫助<u>小茜</u>找出剪裁線與邊緣的距離，並合理說明或詳細解釋這個距離是否有最大值或最小值。

◆ 說明：

題目資訊

內容領域	○數與量(N) ●空間與形狀(S) ○變化與關係(R) ○資料與不確定性(D)

數學歷程	○形成 ●應用 ○詮釋

情境脈絡	●個人 ○職業 ○社會 ○科學

學習重點	學習內容	S-7-5　線對稱的基本圖形 A-7-8　一元一次不等式的解與應用
	學習表現	s-IV-5　理解線對稱的意義和線對稱圖形的幾何性質,並能應用於解決幾何與日常生活的問題。 a-IV-3　理解一元一次不等式的意義,並應用於標示數的範圍和其在數線上的圖形,以及使用不等式的數學符號描述情境,與人溝通。

歷屆會考考題

104 年會考選擇題第 9 題

圖（四）為某餐廳的價目表，今日每份餐點價格均為價目表價格的九折。若恂恂今日在此餐廳點了橙汁雞丁飯後想再點第二份餐點，且兩份餐點的總花費<u>不超過</u> **200** 元，則她的第二份餐點最多有幾種選擇？

(A) **5**

(B) **7**

(C) **9**

(D) **11**

答：(C)

吻仔魚養生粥	蕃茄蛋炒飯	鳳梨蛋炒飯	酥炸排骨飯	和風燒肉飯	蔬菜海鮮麵	香脆炸雞飯	清蒸鱈魚飯	香烤鯛魚飯	紅燒牛腩飯	橙汁雞丁飯	白酒蛤蜊麵	海鮮墨魚麵	嫩烤豬腳飯
60元	70元	70元	80元	80元	90元	90元	100元	100元	110元	120元	120元	140元	150元

圖（四）

105 年會考選擇題第 19 題

表（一）為<u>小潔</u>打算在某電信公司購買一支 <u>MAT</u> 手機與搭配一個門號的兩種方案。此公司每個月收取通話費與月租費的方式如下：若通話費超過月租費，只收通話費；若通話費不超過月租費，只收月租費。若<u>小潔</u>每個月的通話費均為 **x** 元，**x** 為 **400** 到 **600** 之間的整數，則在不考慮其他費用並使用兩年的情況下，**x** 至少為多少才會使得選擇乙方案的總花費比甲方案便宜？

(A) **500**

(B) **516**

(C) **517**

(D) **600**

答：(C)

表（一）

	甲方案	乙方案
門號的月租費(元)	**400**	**600**
<u>MAT</u>手機價格(元)	**15000**	**13000**
注意事項：以上方案兩年內不可變更月租費		

106 年會考選擇題第 10 題

已知在卡樂芙超市內購物總金額超過190元時，購物總金額有打八折的優惠。安妮帶200元到卡樂芙超市買棒棒糖，若棒棒糖每根 9 元，則她最多可買多少根棒棒糖？

(A) 22

(B) 23

(C) 27

(D) 28

答：(C)

107 會考選擇題第 13 題

圖（五）的宣傳單為萊克印刷公司設計與印刷卡片計價方式的說明，妮娜打算請此印刷公司設計一款母親節卡片並印刷，她再將卡片以每張 15 元的價格販售。若利潤等於收入扣掉成本，且成本只考慮設計費與印刷費，則她至少需印多少張卡片，才可使得卡片全數售出後的利潤超過成本的 2 成？

(A) 112

(B) 121

(C) 134

(D) 143

答：(C)

圖（五）

109 年會考選擇題第 18 題

圖（九）為小麗和小歐依序進入電梯時，電梯因超重而警示音響起的過程，且過程中沒有其他人進出。

圖（九）

已知當電梯乘載的重量超過 300 公斤時警示音會響起，且小麗、小歐的重量分別為 50 公斤、70 公斤。若小麗進入電梯前，電梯內已承載的重量為 x 公斤，則所有滿足題意的 x 可用下列哪一個不等式表示？

(A) $180 < x \leq 250$

(B) $180 < x \leq 300$

(C) $230 < x \leq 250$

(D) $230 < x \leq 300$

答：(A)

109 年補考選擇題第 19 題

嘉嘉想要減重，於是制定甲、乙兩個運動方案如圖（八）所示。若他計畫每天從甲、乙兩個方案中選擇一個執行，且希望執行完 **30** 天時，計畫中騎自行車的總距離超過 **375** 公里，則下列何者可為嘉嘉計畫中游泳的總距離？

(A) **28** 公里

(B) **30** 公里

(C) **31** 公里

(D) **32** 公里

答：(D)

甲方案	乙方案
慢跑 5公里 + 騎自行車 10公里	游泳 2公里 + 騎自行車 15公里

圖（八）

110 年補考選擇題第 19 題

有一以 **A**、**B** 兩地為端點的直線道路，其路邊每隔 **10** 公里便設置一個告示牌，告示牌上標示了該告示牌位置與 **A** 地之間的距離，如圖（九）所示。今有一輛車在此道路上從 **A** 地往 **B** 地行駛，且行駛過程中，該車的速率均介於每小時 **92** 到 **98** 公里之間。若該車於 **9：00** 時遇到標示 **30** 公里的告示牌，**11：00** 時遇到另一個告示牌，則此告示牌上標示的距離為何？

(A) **190** 公里

(B) **200** 公里

(C) **210** 公里

(D) **220** 公里

答：(D)

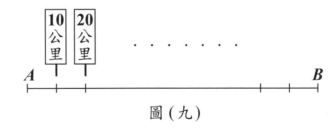

圖（九）

圖（十三）為某廠牌推出的巧克力口味與原味的罐裝燕麥片產品外包裝營養標示，每罐皆附贈同一種湯匙，每匙恰可盛裝 5 公克的燕麥片：

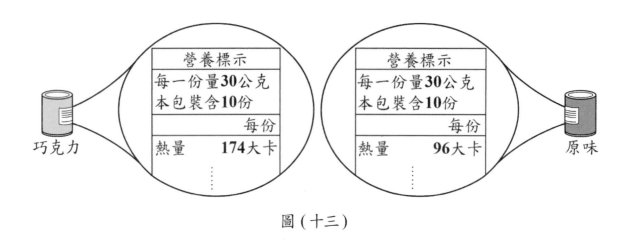

圖（十三）

請回答下列問題：

(1) 請分別計算巧可力口味、原味的罐裝燕麥片每匙的熱量。

(2) 承 (1)，菲菲原本早餐都吃 10 匙巧克力口味的燕麥片，因為吃不飽，打算改吃 12 匙，並希望不超過原本的熱量，所以決定搭配原味的燕麥片混合著吃。請判斷改變後菲菲每天早餐最多可以吃多少匙巧克力口味的燕麥片？請完整寫出你的解題過程，並求出答案。

參考答案：

(1) 根據圖（十三）的資訊，

巧克力口味每份熱量為 174 大卡，每份為 30 克，且每匙可盛裝 5 公克，所以巧克力口味每匙的熱量為 $\frac{174}{30} \times 5 = 29$ 大卡

原味口味每份熱量為 96 大卡，每份為 30 克，且每匙可盛裝 5 公克，所以原味口味每匙的熱量為 $\frac{96}{30} \times 5 = 16$ 大卡

(2) 假設改變後菲菲吃巧克力口味的燕麥片 x 匙，則原味口味的燕麥片有 12−x

根據 (1) 求出的每匙熱量，以及菲菲希望不超過原本早餐熱量的條件，可列出不等式為

$29x + 16(12 - x) \leq 10 \times 29$，並解出 $x \leq \frac{98}{13} \doteqdot 7.54$

故菲菲最多可以吃 7 匙。

單元六　生活中的幾何

UNIT SIX

QUESTION 6-1
做出鐘樓怪人的玫瑰

　　玫瑰花窗是哥德式建築的特色之一。從中央的圓，向外長出好幾片花瓣，每片花瓣都有對稱，花瓣上有絢麗的裝飾，讓人聯想到盛開的玫瑰。圖一是個比較簡單的窗花，中間是聖母瑪麗亞，外面有 8 瓣襯托著，更顯得莊重。

圖一　聖母玫瑰窗

　　巴黎聖母院於 2019 年發生大火，幸好教堂裡的三面玻璃花窗都逃過一劫。但巴黎市政府目前沒有足夠的經費修繕已被燒毀的尖塔，所以聖母院目前全面暫停開放。圖二則是聖母院大門的玫瑰花窗。

圖二　聖母院大門的玫瑰花窗
(photo credit : Julie Anne Workman)

　　雨果想用剪紙造一個迷你玫瑰花窗，讓我們跟著雨果一起來探索看看吧！

(　) <u>01</u> 請問<u>聖母院</u>大門的玫瑰花窗，在圖二中完整顯示的花瓣有幾片？

A) 10

B) 12

C) 15

D) 16

(　) <u>02</u> <u>雨果</u>做了一些小實驗，發現擁有一條對稱軸的圖形，只要對摺一次，便可剪出想要的圖案，例如下圖三中的愛心。

圖三　對摺後可以剪出一個愛心圖案

請幫<u>雨果</u>看看，圖二中的玫瑰花窗有幾條對稱軸呢？

A) 2

B) 8

C) 16

D) 32

(　) 03 承上題，<u>雨果</u>試著將紙張對摺 2 次後畫上 3 片花瓣，如圖四所示。請問他剪完打開後會有幾片花瓣呢？

圖四　對摺 2 次後畫上 3 片花瓣

A) 5

B) 6

C) 12

D) 16

(　) 04 考量到剪刀能剪的厚度，<u>雨果</u>只打算將紙張對摺 3 次。請問上面應該要畫上幾片花瓣，才能剪出<u>巴黎聖母院</u>的玫瑰花窗呢？

A) 1

B) 2

C) 3

D) 4

題目資訊

內容領域 ○數與量(N) ◉空間與形狀(S) ○變化與關係(R) ○資料與不確定性(D)

數學歷程 ○形成 ◉應用 ○詮釋

情境脈絡 ◉個人 ○職業 ○社會 ○科學

學習重點

學習內容　S-7-4　線對稱的性質

學習表現　s-IV-5　理解線對稱的意義和線對稱圖形的幾何性質，並能應用於解決幾何與日常生活的問題。

QUESTION 6-2
發揮一刀剪的威力

今天的數學課在探討正立方體的展開圖，老師請同學們從圖一中選一張展開圖，將它們從長方形的紙片剪下，並驗證是否都能組成正立方體。剪紙的過程總是繁瑣，有許多的邊邊角角，艾瑞克想，要是能夠剪一刀就完成，那不是很輕鬆嗎？

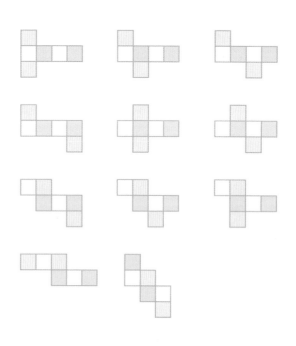

圖一　正立方體展開圖

艾瑞克腦中的思緒開始通往另一個世界：如果剪刀沿著直線剪，算 1 刀。遇到轉彎時，就要再算 1 刀。要從長方形色紙中剪出一個正方形，剪刀沿著正方形的邊線剪，需要 4 刀。如下圖二所示。他想著，先從這個簡單的例子開始，有沒有辦法透過適當的摺疊，一刀剪出這個正方形呢？

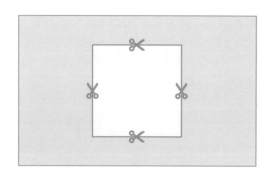

圖二　剪一個正方形要 4 刀

(　) <u>01</u>　<u>艾瑞克</u>先將紙張沿著正方形的對角線對摺，如下圖三所示。根據他習慣的剪法，這樣就可以減少一些剪的次數，請問<u>艾瑞克</u>這樣對摺的話，只需要剪幾刀就能剪出正方形？

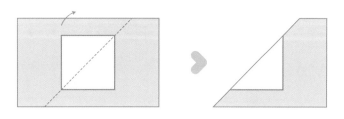

圖三　沿著正方形對角線對摺

A) 1刀

B) 2刀

C) 3刀

D) 4刀

<u>02</u>　<u>艾瑞克</u>發現正方形沿著對角線對摺，變成了一個等腰直角三角形。這樣的摺法可以讓兩條鄰邊重疊，所以沿著對稱軸摺就可以讓剪的刀數減半。因此，再沿著等腰直角三角形的對稱軸對摺，是否只需要「一刀剪」（只剪 1 刀），就可以剪出一個正方形呢？

　　🌸是　🌸否

<u>03</u>　<u>艾瑞克</u>從圖一中選了一個展開圖來剪，他選的是圖四中的圖形。

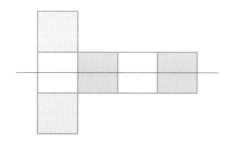

圖四　<u>艾瑞克</u>選的展開圖

請問圖四中的紅線是否為此圖形的對稱軸？

　　🌸是　🌸否

( ) _04_ 承上題，<u>艾瑞克</u>原本需要 4 刀才能剪出這張展開圖，如圖五所示。

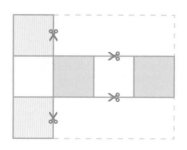

圖五　展開圖剪 4 刀示意圖

現在，<u>艾瑞克</u>想利用一刀剪的剪法完成。他沿著展開圖的對稱軸對摺以後，還要摺圖六所標示的 A、B、C、D 四條摺線的一條，才能再讓要剪的兩條邊重疊，接著只需要 1 刀，就能剪出展開圖。請問<u>艾瑞克</u>應該要摺哪一條呢？

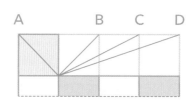

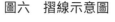

A) A

　圖六　摺線示意圖

B) B

C) C

D) D

題目資訊

內容領域	○數與量(N) ●空間與形狀(S) ○變化與關係(R) ○資料與不確定性(D)
數學歷程	○形成 ●應用 ○詮釋
情境脈絡	●個人 ○職業 ○社會 ○科學

學習重點	學習內容　S-7-5　線對稱的基本圖形
	學習表現　s-IV-5　理解線對稱的意義和線對稱圖形的幾何性質，並能應用於解決幾何與日常生活的問題。

歷屆會考考題

106 年會考選擇題第 16 題

將圖（四）中五邊形紙片 **ABCDE** 的 **A** 點以 $\overline{BE}$ 為摺線往下摺，**A** 點恰好落在 $\overline{CD}$ 上，如圖（五）所示。再分別以圖（五）的 $\overline{AB}$、$\overline{AE}$ 為摺線，將 **C**、**D** 兩點往上摺，使得 **A**、**B**、**C**、**D**、**E** 五點均在同一平面上，如圖（六）所示。若圖（四）中∠**A**=124°，則圖（六）中∠**CAD** 的度數為何？

(A) 56

(B) 60

(C) 62

(D) 68

答：(D)

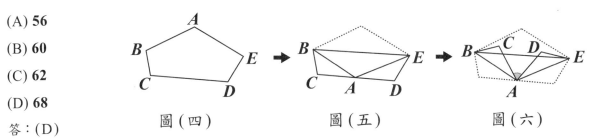

圖（四）　　　　圖（五）　　　　圖（六）

107 年會考選擇題第 1 題

下列選項中的圖形有一個為線對稱圖形，判斷此圖形為何？

(A)　　　　(B)　　　　(C)　　　　(D)

答：(D)

告別學習厭食症!

把數學變得 好用 好玩 好學

數感實驗室提供國小至國中,最精緻豐富的教育內容,
幫助家長、教師、學生在學習道路上走得更輕鬆快樂!

學生課程

❶ 國中數學素養
學習方法及解題活用

❷ 國小數學實驗
動手玩出數學的
信心和興趣

教學資源

❶ 國中素養題型教材
❷ 數學實驗材料包
❸ 教案研發授權

◀◀ 掃描了解

更多課程活動資訊!

Math is actually all around!

臺師大衍生教育新創企業・數學素養第一品牌

數感實驗室
NUMERACY LAB